BEI GRIN MACHT SICH IHR WISSEN BEZAHLT

- Wir veröffentlichen Ihre Hausarbeit,
  Bachelor- und Masterarbeit

- Ihr eigenes eBook und Buch -
  weltweit in allen wichtigen Shops

- Verdienen Sie an jedem Verkauf

Jetzt bei www.GRIN.com hochladen
und kostenlos publizieren

Sport- und Bewegungstherapie. ICF-orientiertes Konzept nach einem Myokardinfarkt

Elena Maier

Bibliografische Information der Deutschen Nationalbibliothek:

Die Deutsche Nationalbibliothek verzeichnet diese Publikation in der Deutschen Nationalbibliografie; detaillierte bibliografische Daten sind im Internet über http://dnb.d-nb.de abrufbar.

ISBN: 9783346416704
Dieses Buch ist auch als E-Book erhältlich.

Druck und Bindung: Books on Demand GmbH, Norderstedt Germany
Gedruckt auf säurefreiem Papier aus verantwortungsvollen Quellen

Das vorliegende Werk wurde sorgfältig erarbeitet. Dennoch übernehmen Autoren und Verlag für die Richtigkeit von Angaben, Hinweisen, Links und Ratschlägen sowie eventuelle Druckfehler keine Haftung.

Das Buch bei GRIN: https://www.grin.com/document/1021777

Deutsche Hochschule für

Prävention und Gesundheitsmanagement

Hermann Neuberger Sportschule 3

66123 Saarbrücken

Einsendeaufgabe

Fachmodul:	Sport- & Bewegungstherapie: Innere Erkrankungen II
Studiengang:	Prävention & Gesundheitsmanagement
Datum **Präsenzphase**:	22.02.2021-25.02.2021
Name, Vorname:	Maier, Elena
Studienort:	**München**
Semester:	**Sommersemester 2020**

Inhaltsverzeichnis

1 Diagnostik – Analyse des Aufnahmebefunds

Als Sport- und Bewegungstherapeut einer stationären Rehabilitationseinrichtung besteht die Aufgabe, auf Grundlage eines ärztlichen Aufnahmebefundes ein ICF-orientiertes Konzept für die Sport- und Bewegungstherapie zu entwickeln. Zur Erstellung des Konzepts wird Fallbeispiel 1 verwendet.

Unter Hinzunahme aktueller wissenschaftlicher Literatur wird im folgenden Abschnitt das Erkrankungsbild „Myokardinfarkt bei koronarer Dreigefäßerkrankung" charakterisiert.

1.1 Definition

In den industrialisierten Ländern gehören Herz-Kreislauf-Erkrankungen zu den häufigsten Todesursachen (Florin, Hahlweg, Haag, Brack & Fahrner, 1989, S. 100). Zu den wohl bekanntesten Krankheiten davon zählen die koronare Herzkrankheit (KHK) und der Myokardinfarkt:

> Bei der koronaren Herzkrankheit (KHK) handelt es sich um eine Durchblutungsstörung der Herzmuskulatur, die von Einengungen oder Verschlüssen einer oder mehrerer Gefäße verursacht wird. Auf Grund solcher Einengungen oder Verschlüsse kann die Sauerstoffversorgung des Herzmuskels unter Belastung oder auch schon in Ruhe unzureichend sein. Man spricht von einer „Ischämie" (Minderdurchblutung), die sich klinisch als Angina pectoris (Engegefühl der Brust) bemerkbar macht. (Dietrich & Teupe, o.J., S. 1)

Bei der Dreigefäßerkrankung handelt es sich um eine Form der koronaren Herzkrankheit. Bei dieser Ausprägung liegen in drei Hauptästen der Koronararterien hochgradige Stenosen vor (Antwerpes, Afanasyeva & Schäfer, 2018).

Der Myokardinfarkt ist die Folge der koronaren Herzkrankheit. Konkret handelt es sich um „das Absterben von Herzmuskelzellen aufgrund einer akut auftretenden, länger bestehenden Durchblutungsstörung des Herzmuskels. Seine Ursache ist in den meisten

Fällen das Aufbrechen einer koronaren Plaque (schadhafte Herzkranzgefäßwand) mit Thrombusbildung (Gerinnselbildung) und/oder Einblutung" (Buser et al., 2003, S. 13).

1.2 Epidemiologie Deutschen Herzstiftung e.V. (2010, S.19) beträgt die vollstationäre Hospitalisationsrate des akuten Myokardinfarktes im Jahr 2018 in Deutschland

Im folgenden Abschnitt wird genauer auf die Epidemiologie des Myokardinfarkts eingegangen.

Die „Studie zur Gesundheit Erwachsener in Deutschland" vom Robert-Koch-Institut befasst sich mit der Lebenszeitprävalenz von koronaren Herzkrankheiten, dem Myokardinfarkt, Angina pectoris und anderen koronaren Herzkrankheiten bei Erwachsenen im Alter von 40 bis 79 Jahren (Gößwald, Schienkiewitz, Nowossadeck & Busch, 2013, S. 650). Tabelle 1 stellt die Studienergebnisse dar:

Tab. 1: Lebenszeitprävalenz von koronarer Herzkrankheit, und Herzinfarkt (Gößwald, Schienkiewitz, Nowossadeck & Busch, 2013, S. 651)

	40-49 Jahre % (95%-KI)	50-59 Jahre % (95%-KI)	60-69 Jahre % (95%-KI)	70-79 Jahre % (95%-KI)	Gesamt % (95%-KI)
KHK gesamt					
Frauen (n=3037)	1,6 (0,7-3,5)	1,8 (0,9-3,2)	10,8 (8,3-13,9)	15,5 (12,2-19,4)	6,4 (5,4-7,6)
Männer (n=2745)	3,0 (1,6-5,6)	6,9 (4,9-9,8)	19,5 (15,9-23,7)	30,5 (25,9-35,5)	12,3 (10,8-14,0)
Gesamt (n=5782)	2,3 (1,4-3,8)	4,4 (3,2-5,9)	15,1 (12,8-17,7)	22,3 (19,3-25,5)	9,3 (8,4-10,3)
Herzinfarkt					
Frauen (n=3073)	0,6 (0,2-2,5)	0,1 (0,0-0,7)	4,7 (2,8-7,6)	6,0 (3,9-9,2)	2,5 (1,8-3,4)
Männer (n=2766)	2,3 (1,1-4,9)	3,8 (2,5-5,8)	11,9 (8,7-16,0)	15,3 (11,6-19,9)	7,0 (5,8-8,4)
Gesamt (n=5389)	1,5 (0,8-2,9)	2,0 (1,3-3,0)	8,2 (6,2-10,7)	10,2 (8,0-12,8)	4,7 (4,0-5-5)
Angina pectoris/andere KHK					
Frauen (n=3040)	1,6 (0,7-3,5)	1,8 (0,9-3,2)	9,1 (6,9-12,0)	13,8 (10,7-17,6)	5,7 (4,7-6,8)
Männer (n=2744)	2,2 (1,1-4,4)	6,4 (4,3-9,2)	15,2 (12,3-18,6)	27,3 (22,8-32,2)	10,4 (9,1-12,0)
Gesamt (n=5784)	1,9 (1,1-3,2)	4,1 (2,9-5,6)	12,1 (10,2-14,4)	19,9 (17,1-23,1)	8,0 (7,2-9,0)

Aus Tabelle 1 erkennt man deutlich, dass die Lebenszeitprävalenz des Myokardinfarkts bei Männern stets höher liegt als die der Frauen. Im Alter von 70-79 Jahren ist die Lebenszeitprävalenz für beide Geschlechter am höchsten (10,2).

Der prognostizierte Prävalenzzuwachs des Myokardinfarkts in Deutschland im Zeitraum von 2007 bis 2050 beträgt 109% (Spectaris, 2012).

Laut dem Deutschen Herzbericht 2019 der 255,6 auf 100.000 Einwohner. Bei Männern liegt die vollstationäre Hospitalisationsrate bei 347,8 und damit beinahe doppelt so hoch, wie die der Frauen bei 165,9. Die absolute Morbidität in Deutschland liegt laut dem Bericht bei 210.461 Menschen im Jahr 2018. Im selben Jahr verstarben insgesamt 46.207 Personen am akuten Myokardinfarkt, davon 26.884 Männer und 19.323 Frauen.

1.3 Ursachen, Risikofaktoren und Folgen

Hauptursache des Myokardinfarkts ist die Artriosklerose. Sie verursacht einen Elastizitätsverlust in den Arterienwänden und verringert durch Einlagerungen von Fett, Wasser und Eiweiß sowie die Bildung von Plaques den Gefäßdurchmesser (Bundesministerium für Gesundheit, 2014, S. 4).

Als Risikofaktoren gelten folgende Punkte:
- Körperliche Faktoren: Genetische Veranlagung, Hyperglykämie, Hyperlipidämie, arterielle Hypertonie, Übergewicht und Adipositas, Alter, Geschlecht
- Verhaltensbezogene Faktoren: Rauchen, Fehlernährung, Bewegungsmangel, übermäßiger Alkoholkonsum
- Psychische Faktoren: Chronischer Stress, negative Affekte, Persönlichkeitsfaktoren
- Soziale Faktoren: Qualität sozialer Beziehungen und Netzwerke, Belastungen am Arbeitsplatz, Bildung, Einkommen, Berufliche Position (Bundesministerium für Gesundheit, 2014, S. 4)

Zu den möglichen Folgen eines Myokardinfarkts zählen:
- die Einnahme von Medikamenten (Behandlung des Herzmuskels, verhindern einer Gerinnselbildung, Senkung von Cholesterin und Blutdruck etc.)
- die Änderung des Lebensstils (gesunde Ernährung, körperliche Aktivität)
- Abbau von Risikofaktoren wie Diabetes, Übergewicht, Rauchen und Stress (Deutsche Herzstiftung, 2021)

- Leistungseinbußen
- Einschränkung der körperlichen, psychischen und sozialen Lebensqualität (Bundesministerium für Gesundheit, 2014, S. 25)

1.4 Behandlungsstrategie

Die Sport- und Bewegungstherapie nach einem Myokardinfarkt konzentriert sich auf die Rehabilitation des Patienten. Unter Rehabilitation versteht man das „Wiedererreichen von körperlichem, geistigem und sozialem Wohlbefinden" (Benzer, Stocker & Simma, 1987, S. 2). Im Bereich der Kardiologie wird sogar vom „Lernen des Lebens mit einer chronischen Behinderung" (ebd.) gesprochen.

Beim Myokardinfarkt kommt es zu einer Vernarbung des Herzgewebes, was zu einer mehr oder weniger ausgeprägten Reduktion der linksventrikulären Auswurfleistung des Herzens führt. Körperliche Belastung kann im Vergleich zur Zeit vor dem Myokardinfarkt nicht mehr oder nur durch verschiedene kompensatorische Mechanismen bewältigt werden. Zudem entsteht auf den Patienten meist ein psychischer Druck (Benzer, Stocker & Simma, 1987, S. 2). Vor diesen Aspekten ist das Ziel der bewegungstherapeutischen Maßnahmen, die bessere Überwindung und/oder die Kompensation der krankheitsbedingten psychophysischen Leistungseinbußen (Scholz, 1979, S. 98f).

Durch gezielte sport- und bewegungstherapeutische Maßnahmen soll die Leistungsfähigkeit des Patienten verbessert, sowie die körperliche Belastbarkeit wiederhergestellt werden. Durch körperliche Aktivität soll eine Blutdrucksenkung erreicht sowie die Rückenschmerzen gelindert oder gar behoben werden. Mittels Kräftigungsübungen soll sichergestellt werden, dass der Patient das Treppensteigen zu seiner Mietwohnung bewältigen und seine Bewegungsaktivitäten wie zuvor fortführen kann.

Durch die Therapie und die zusätzliche Teilnahme an einer Herzsportgruppe soll dem Patienten eine realistische Einschätzung der individuellen Belastbarkeit vermittelt werden. Die Therapie soll seinen psychischen Zustand verbessern und ihm bei der Bewältigung der Krankheit helfen.

1.5 Belastbarkeit und Trainierbarkeit des Patienten

Der medizinischen Anamnese nach, befindet sich der Patient in einem stabilen Allgemeinzustand. Seine körperliche Belastbarkeit ist ähnlich der Belastbarkeit vor dem Herzinfarkt, allerdings nimmt der Patient Betarezeptorenblocker ein. Unter Belastung kommt es zur Dyspnoe. Das Belastungs-EKG und die spiroergometrische Leistungsdiagnostik zeigen keine Auffälligkeiten, lassen aber auf eine mittelgradige Einschränkung der kardiopulmonalen Leistungsfähigkeit rückschließen. Die arterielle Hypertonie des Patienten ist medikamentös eingestellt. Zudem gibt der Patient rezidivierende unspezifische Rückenschmerzen an.

Unter Anbetracht der medizinischen Anamnese ist eine recht gute Belastbarkeit und Trainierbarkeit des Patienten gegeben. Durch die Einnahme von Betarezeptorenblocker ist eine Belastungssteuerung über die maximale Herzfrequenz nicht möglich. Hier muss stattdessen auf andere Parameter zur Belastungssteuerung zurückgegriffen werden (Atmung, Blutdruckanstieg, subjektives Belastungsempfinden nach der Borg-Skala etc.). Durch die arterielle Hypertonie ist zu beachten, dass möglichst günstige Belastungsformen (z.B. Nordic Walking) gewählt und kontraindizierte Übungen (z.B. statische Übungen, Bewegungen über Herzhöhe/im Liegen) vermieden werden.

1.6 Evidenzlage

Eine Meta-Analyse, die 47 randomisierte kontrollierte Studien mit 10.794 Probanden umschließt, untersuchte die Effekte von körperlichem Training im Rahmen der Rehabilitation nach einem Myokardinfarkt. Für die Analyse wurden Patienten mit Myokardinfarkt, koronarem Bypass, PTCA, Angina pectoris oder koronarer Herzkrankheit eingeschlossen. Beobachtet wurde die Wirkung von Ausdauertraining als Teil der kardiologischen Rehabilitation im Vergleich zu einer medikamentösen Standardtherapie ohne Ausdauertraining. Das Ergebnis der Analyse ist, dass die Gesamtmortalität im Langzeitverlauf um 13%, die kardiovaskuläre Mortalität um 26%, die Notwendigkeit einer Krankenhausaufnahme um 31% erreicht und die Lebensqualität verbessert werden konnte (Edel, 2015, S. 3).

2 ICF-orientierte Konzeption und Realisation

2.1 Zielformulierung

In den folgenden Tabellen wird die funktionale Gesundheit des Patienten anhand der ICF-Dimensionen ermittelt. Zudem werden kurzfristige Ziele zur Umsetzung in der Rehabilitationseinrichtung sowie mittel- bis langfristige Ziele für den Zeitraum nach der Reha abgeleitet.

Tab. 2: Ableitung der Körperfunktionen (b) des Patienten mit Zielformulierung (eigene Darstellung)

Funktionale Gesundheit		Ziele		
Funktionen nach ICF		Erlernen (kognitiv)	Üben/Trainieren (motorisch)	Erleben (affektiv-sozial)
b280.1 Schmerz b410.3 Herzfunktionen b415.2 Blutgefäßfunktionen b420.2 Blutdruckfunktonen b455.2 Funktonen der kardiorespiratorischen Belastbarkeit b460.2 Mit dem kardiovaskulären Atmungssystem verbundene Empfindungen b740.2 Funktionen der Muskelausdauer	Kurzfristige Ziele	- Wissen über Funktion des Herz-Kreislauf-Systems aneignen - Wissen über Risikofaktoren (Fehlernährung, Bewegungsmangel etc.) aneignen	- Reduktion der Rückenbeschwerden - Verbesserung der Herz-Kreislauf-Funktion - Erweiterung der Gehstrecke - Verbesserung der Leitungsfähigkeit im Alltag	- Abbau von Hemmungen - Psychische Entlastung und Stabilisierung
	Mittel- bis langfristige Ziele		- Eigenständige Durchführung körperlicher Aktivitäten	- Freude an Bewegung - Dauerhafte Motivation für sportliche Aktivitäten und körperliche Bewegung

Tab. 3: Ableitung der Körperstrukturen (s) des Patienten mit Zielformulierung (eigene Darstellung)

Funktionale Gesundheit		Ziele		
Funktionen nach ICF		Erlernen (kognitiv)	Üben/Trainieren (motorisch)	Erleben (affektiv-sozial)
s410.2 Struktur des kardiovaskulären Systems s760.1 Struktur des Rumpfes	Kurzfristige Ziele	- Wissen über Aufbau der Wirbelsäule/des Rumpfes aneignen - Wissen über Myokardinfarkt aneignen	- Reduktion der Rückenschmerzen - Senkung des Blutdrucks - Verbesserung der kardiopulmonalen Leistungsfähigkeit	- positive Bewegungserfahrungen - positiver Umgang mit Stress
	Mittel- bis langfristige Ziele		- Stabilisierung des Blutdrucks - Aufrechterhaltung der körperlichen Leistungsfähigkeit	- Dauerhafte Stressreduktion

Tab. 4: Ableitung der Aktivitäten und Partizipation mit Zielformulierung (eigene Darstellung)

Funktionale Gesundheit		Ziele		
Funktionen nach ICF		Erlernen (kognitiv)	Üben/Trainieren (motorisch)	Erleben (affektiv-sozial)
d230.2 Die tägliche Routine durchführen d240.2 Mit Stress und anderen psychischen Anforderungen umgehen d430.3 Gegenstände anheben und tragen	Kurz-fristige Ziele	- Strategien zum Umgang mit Stress	- Verbesserung der Ausführung von Aktivitäten des täglichen Lebens - Selbstversorgung wiederermöglichen	- Rückhalt und Gemeinschaftsgefühl in Herzsportgruppen erfahren - Selbstvertrauen stärken
d450.3 Gehen d455.3 Sich auf andere Weise fortbewegen d460.3 Sich in verschiedenen Umgebungen fortbewegen d620.2 Waren und Dienstleistungen des täglichen Bedarfs beschaffen d640.2 Hausarbeiten erledigen d920.2 Erholung und Freizeit	Mittel-bis lang-fristige Ziele	- Selbstständiges Durchführen von Entspannungs- und Meditationsübungen	- Ausübung regelmäßiger körperlicher Aktivität in der Freizeit	- Lebensstiländerung in den Bereichen Ernährung und Bewegung

2.2 Ableitung sport- & bewegungstherapeutischer Maßnahmen

Nachfolgend werden die sporttherapeutischen Maßnahmen für den Patienten abgeleitet:

Tab. 5: Sporttherapeutische Maßnahmen (eigene Darstellung)

Erlernen (kognitiv)	Üben/Trainieren (motorisch)	Erleben (affektiv-sozial)
- Teilnahme an einem Entspannungskurs (Entspannung nach Jacobsen) - Teilnahme an einem Vortrag zu gesunder, krankheitsspezifischer Ernährung (zur Blutdrucksenkung, Gewichtsreduktion etc.) - Teilnahme an einem Vortrag zu den Folgen eines Myokardinfarkts und der Vermeidung von Risikofaktoren	- Teilnahme an einer Herzsportgruppe - Ergometertraining - Atemgymnastik - Medizinische Trainingstherapie	- Soziale Interaktionen im Rahmen der Gruppentherapie - Stressausgleichende, selbstständige Maßnahmen wie Nordic-Walking - Teilnahme an einer Selbsthilfegruppe von Herzinfarktpatienten zur psychischen Entlastung und Schaffung eines Gemeinschafts-Gefühls

2.3 Erstellung des Rehabilitationsplans

Für den Patienten wird ein Rehabilitationsplan für die Dauer von 4 Wochen erstellt. Tabelle 6 stellt den Rehabilitationsplan der ersten beiden Wochen dar. Aus Tabelle 7 ist der Plan der letzten beiden Wochen zu entnehmen. Anschließend wird die Auswahl begründet sowie Besonderheiten erläutert.

Tab. 6: Rehabilitationsplan (Mesozyklus) des Patienten (eigene Darstellung)

Woche	Tag	Bewegungsform	Belastungsgefüge
Woche 1 und 2	Montag + Mittwoch	Medizinische Trainingstherapie	- 10 min Aufwärmen mit Ergometer - 5 Kräftigungsübungen am Gerät, drei Serien á 10 Wiederholungen, 60s Pause - Einbeinstand am Posturomed, 10 Wiederholungen pro Bein - Insgesamt ca. 60min
		Ergometertraining, monitorüberwacht	- 15-20 Minuten - leichte bis mittlere Intensität nach subjektivem Belastungsempfinden - 60% der max. Wattzahl vom Belastungs-EKG
		Atemgymnastik	- 30 Minuten, leichte Intensität
		Entspannungsgymnastik	- 30 Minuten im Sitzen
	Dienstag + Donnerstag	Herzsportgruppe	- 30 Minuten - leichte bis mittlere Intensität - Mischung von Ausdauer-, Kraft- und Koordinationsübungen - Prinzip bei Kraftübungen: 8-10 Wiederholungen, 60s Pause
		Ergometertraining, monitorüberwacht	- 15-20 Minuten - leichte bis mittlere Intensität nach subjektivem Belastungsempfinden - 60% der max. Wattzahl vom Belastungs-EKG
		Atemgymnastik	- 30 Minuten, leichte Intensität
		Entspannungsgymnastik	- 30 Minuten im Sitzen
	Freitag	Medizinische Trainingstherapie	- 10 min Aufwärmen mit Ergometer - 5 Kräftigungsübungen am Gerät, drei Serien á 10 Wiederholungen, 60s Pause - Einbeinstand am Posturomed, 10 Wiederholungen pro Bein - Insgesamt ca. 60min
		Herzsportgruppe	- 30 Minuten - leichte bis mittlere Intensität - Mischung von Ausdauer-, Kraft- und Koordinationsübungen - Prinzip bei Kraftübungen: 8-10 Wiederholungen, 60s Pause
		Ergometertraining, monitorüberwacht	- 15-20 Minuten - leichte bis mittlere Intensität nach subjektivem Belastungsempfinden - 60% der max. Wattzahl vom Belastungs-EKG
		Atemgymnastik	- 30 Minuten, leichte Intensität
		Entspannungsgymnastik	- 30 Minuten im Sitzen
	Samstag/ Sonntag	Erholungsphase: Keine Sport- und Bewegungstherapie. Ggf. selbstständiges, freiwilliges und leicht dosiertes Spazierengehen.	

Tab. 7: Rehabilitationsplan (Mesozyklus), Woche 3-4 (eigene Darstellung)

Woche	Tag	Bewegungsform	Belastungsgefüge
Woche 3 und 4	Montag bis Freitag	Medizinische Trainingstherapie	- 10 min Aufwärmen mit Ergometer - 5 Kräftigungsübungen am Gerät, drei Serien á 10 Wiederholungen, 60s Pause - Einbeinstand am Posturomed, 10 Wiederholungen pro Bein - Insgesamt ca. 60min
		Herzsportgruppe	- 30 Minuten - leichte bis mittlere Intensität - Mischung von Ausdauer-, Kraft- und Koordinationsübungen - Prinzip bei Kraftübungen: 8-10 Wiederholungen, 60s Pause
		Ergometertraining, monitorüberwacht	- 20-30 Minuten - leichte bis mittlere Intensität nach subjektivem Belastungsempfinden - 60% der max. Wattzahl vom Belastungs-EKG
		Atemgymnastik	- 30 Minuten, leichte Intensität
		Entspannungsgymnastik	- 30 Minuten im Sitzen
	Samstag/ Sonntag	Erholungsphase: Keine Sport- und Bewegungstherapie. Ggf. selbstständiges, freiwilliges und leicht dosiertes Spazierengehen.	

Für den Patienten wird eine Kombination aus

- medizinischer Trainingstherapie,
- Herzsportgruppe,
- Ergometertraining,
- Atemgymnastik und
- Entspannungsgymnastik

gewählt. In Woche 1 und 2 wechseln sich von Montag bis Donnerstag medizinische Trainingstherapie und die Herzsportgruppe ab, um den Patienten an die Belastung zu gewöhnen. Am Freitag vor der Erholungsphase finden beide Therapien am selben Tag statt. Das Ergometertraining, die Atem- sowie die Entspannungsgymnastik finden täglich statt. Am Wochenende wird keine Sport- und Bewegungstherapie durchgeführt, um dem Patienten Erholungszeit zu ermöglichen. Es steht ihm offen, selbstständige Spaziergänge mit leichter Intensität durchzuführen.

Ab der dritten Woche finden alle Interventionen täglich statt. Das tägliche Ergometertraining wird von 15-20min auf 20-30min erhöht.

Eine Besonderheit im Trainingsplan ist die Belastungsdosierung. Da der Patient Betarezeptorenblocker einnimmt, sollte die maximale Herzfrequenz nicht zur Belastungsdosierung verwendet werden. Hier wird stattdessen nach dem subjektiven Belastungsempfinden des Patienten dosiert. Verwendet wird hierfür die Borg-Skala von 6 bis 20, wobei 5 sehr leicht und 20 sehr, sehr anstrengend ist. Die Übungen sollten mit einer Intensität im Bereich von 11 (recht leicht) bis 14 (anstrengend) ausgeführt werden.

3 Evaluation

Die Effekte der sport- und bewegungstherapeutischen Intervention sollen durch folgende Maßnahmen und Instrumente gemessen werden:

- Belastungs-EKG: Durch ein Belastungs-EKG zu Beginn und zu Ende der Rehabilitation soll die Verbesserung der Kraftausdauer messbar gemacht werden.

- Spiroergometrie: Mit Hilfe einer spiroergometrischen Leistungsdiagnostik vor und nach der Rehabilitation soll die Veränderung der kardiopulmonalen Leistungsfähigkeit messbar gemacht werden.

- Blutdruckmessung: Durch tägliche, selbstständig durchgeführte Blutdruckmessung kann die Veränderung des Blutdrucks dokumentiert werden.

- Gehstrecken-Test: Mit einem wöchentlichen 6-Minuten-Gehtest wird die Verbesserung der Gehstrecke erfasst.

- Blutbild: Durch Messung der Blutwerte lassen sich Veränderungen der Blutzusammensetzung vor und nach der Rehabilitation messbar machen. Es gibt unter anderem Aufschluss über die Trainingseffekte, die künftige Medikation und das Ernährungsverhalten.

- Borg-Skala: Durch die Borg-Skala wird das subjektive Belastungsempfinden messbar gemacht. Hiermit können die Intensitäten einzelner Übungen erfasst und im Verlauf der Rehabilitation miteinander verglichen werden.

- Subjektives Schmerzempfinden: Die Bewertung Rückenschmerzen mithilfe einer Skala von 1-10 macht den Erfolg der sport- und bewegungstherapeutischen Maßnahmen im Laufe der Rehabilitation sichtbar.

- Schlaf-Tagebuch: Durch die tägliche, selbstständige Dokumentation der subjektiven Schlafqualität lassen sich Schlussfolgerungen auf die Entspannungsfähigkeiten des Patienten und damit auch auf die Stressreduktion ziehen.

- Körperzusammensetzungsanalyse: Durch die Analyse zu Beginn und zum Ende der Reha können Veränderungen der Körperzusammensetzung (Muskel-/Fettmasse, Wasseranteil, Körpergewicht etc.) messbar gemacht werden.

4 Literaturverzeichnis

Antwerpes, F., Afanasyeva, A. & Schäfer, T. (2018). *Dreigefäßerkrankung.* Zugriff am 25.02.2021. Verfügbar unter https://flexikon.doccheck.com/de/Dreigef%C3%A4%C3%9Ferkrankung#:~:text=Di e%20Dreigef%C3%A4%C3%9Ferkrankung%20ist%20eine%20Form,in%20drei%2 0Haupt%C3%A4sten%20der% 20Koronararterien.

Benzer, W., Stocker, G., Simma, L. (1987). *Rehabilitation nach Myokardinfarkt in ambulanten Koronarsportgruppen.* Berlin: Springer-Verlag.

Bundesministerium für Gesundheit. (2014). *Herz-Kreislauf-Erkrankungen in Österreich. Angina Pectoris, Myokardinfarkt, ischämischer Schlaganfall, periphere arterielle Verschlusskrankheit. Epidemiologie und Prävention.* Wien: Bundesministerium für Gesundheit.

Buser, P., Osswald, S., Pfisterer, M., Zerkowski, HR. & Brett, W. (2003). *Kardiologie und Kardiochirurgie.* Heidelberg: Steinkopff Verlag.

Deutsche Herzstiftung e.V. (2020). *Deutscher Herzbericht 2019.* Stuttgart: Thieme.

Deutsche Herzstiftung e.V. (2021). *Herzinfarkt-Folgen: Das Leben danach.* Zugriff a, 27.02.2021. Verfügbar unter https://www.herzstiftung.de/infos-zu-herzerkrankungen/herzinfarkt/herzinfarkt-fol-gen#:~:text=M%C3%B6gliche%20akute%20Folgen%20eines%20Herzinfarkts&text =Bleibt%20er%20zu%20lange%20unentdeckt,kann%20die%20akute%20Herzschw %C3%A4che%20sein.

Dietrich, C.F. & Teupe, C. (o.J.). *Koronare Herzkrankheit.* Zugriff am 25.02.2021. Verfügbar unter http://medizin.spitta.de/fileadmin/tt_news/shop/miv/Thematik.pdf

Edel, K. (2015). *Koronare Herzkrankheit und Sport. Transfer in den Alltag und in die Herzgruppen.* Stuttgart: Georg Thieme Verlag KG.

Florin, I., Hahlweg, K., Haag, G., Brack, U.B. & Fahrner. E.-M. (1989). *Perspektive Verhaltensmedizin.* Heidelberg: Springer-Verlag.

Gößwald, A., Schienkiewitz, A., Nowossadeck, E., Busch, M.A. (2013). Prävalenz von Herzinfarkt und koronarer Herzkrankheit bei Erwachsenen im Alter von 40 bis 79 Jahren in Deutschland. Ergebnisse der Studie zur Gesundheit Erwachsener in Deutschland (DEGS1). *Bundesgesundheitsblatt – Gesundheitsforschung – Gesundheitsschutz,* 5/6, 650-654.

Scholz, J.F. (1979). *Rehabilitation als Schlüssel zum Dauerarbeitsplatz*. Heidelberg: Springer-Verlag.

Spectaris. (2012). *Prognostizierter Prävalenzzuwachs ausgewählter Krankheiten in Deutschland im Zeitraum von 2007 bis 2050*. In Statista – Das Statistik-Portal. Zugriff am 25.02.2021. Verfügbar unter https://ckmiti5a8-bol3xnptdbfsfc.bibliothek.dhfpg.de/statistik/daten/studie/248102/umfrage/prognostiz ierter-praevalenzzuwachs-ausgewaehlter-krankheiten-in-deutschland/

5   Tabellenverzeichnis

BEI GRIN MACHT SICH IHR WISSEN BEZAHLT

- Wir veröffentlichen Ihre Hausarbeit,
  Bachelor- und Masterarbeit

- Ihr eigenes eBook und Buch -
  weltweit in allen wichtigen Shops

- Verdienen Sie an jedem Verkauf

Jetzt bei www.GRIN.com hochladen
und kostenlos publizieren